Kinderschminken einfach anders

bietet Ihnen eine Auswahl an neuen und alten Schminkideen, von ganz einfach bis raffiniert. Ich habe darauf geachtet, dass viele Masken in vier Grundfarben geschminkt werden können. Weitere Ideen für Fortgeschrittene finden Sie in meinem Schminkbuch „Schminkideen – witzig mit Latex"!

Schminken Sie immer wieder, lassen Sie auch mal Ihr Kind an die Farben heran, Sie werden staunen, was für Meister in Ihnen und Ihren Lieben stecken. Ich hoffe, dass jeder genauso viel Schminkspaß hat, wie wir bei der Erstellung dieses Buches hatten. Vielen Dank an meine Modelle!

Fröhliches Schminken wünscht
Ihnen Ihre

Die Motive lassen sich in folgende Schwierigkeitsgrade unterteilen: einfach   etwas schwieriger   anspruchsvoll

GRUND-AUSSTATTUNG

Diese Dinge werden bei fast jeder Maske verwendet, sie sind in den jeweiligen Materiallisten nicht mehr aufgeführt.

- Pinsel, Größen 1 bis 8
- Schwämmchen
- Hautcreme
- Feuchttücher (für Reparaturen oder schnelles Abschminken)
- Spiegel
- Wasserbecher (zum Pinsel reinigen)
- Haarreif
- Schere

Materialkunde

Das Schminkzubehör sollte sorgfältig ausgewählt werden. Der Markt bietet vielerlei Produkte und jeder Schminkende bevorzugt andere Materialien. Hier steht, worauf man beim Einkauf achten sollte:

Schwämmchen

Die Schwämmchen sollten feinporig und kuschelweich sein. Die Schwämmchen zu Dreiecken auseinander schneiden, damit man mit den Kanten Konturen ziehen kann und mit den Ecken auch in kleinen Gesichtern überall hinkommt.

Pinsel

Am besten schminkt man mit Rotmarderhaarpinseln. Es gibt aber auch wunderbar weiche Kunststoffhaarpinsel, die den Vorteil haben, nicht so schnell zu brechen. Erforderlich sind Pinsel der Größen 1 bis 8. Runde „Katzenzungen" und „Lippenpinsel" eignen sich sehr gut. Dickere Pinsel benötigt man für Grundierungen und großflächige Motive, die ganz dünnen für Konturen und Schnörkel.

Tipp: Probieren Sie aus, mit welcher Pinselform und -größe Ihnen das Schminken am besten gelingt!

Farben

Nun das Allerwichtigste: Die Farben. Meist sind sie wasserlöslich und daher auch rückstandslos mit lauwarmem Wasser wieder zu entfernen. Es gibt aber auch Schminkfarbe auf Fettbasis – je nachdem, was man damit schminken will und wie lange es halten soll. Diese sind beispielsweise bei Masken für Theateraufführungen empfehlenswert. Jedes gut sortierte Bastelgeschäft bietet Theaterschminke oder Profi-Schminkfarben an. Bitte darauf achten, dass die Produkte als „allergiegetestet und hautverträglich" gekennzeichnet sind! Die meisten Farben lassen sich auch sehr gut untereinander mischen.

Glitzer

Glitzer kommt bei jedem Kind gut an! Es gibt ihn in allen Farben, verschiedenen Hologramm- und Regenbogenglitzer, Silber- und Goldglitzer. Der Glitzer sollte unbedingt Polyesterglitzer sein, da dessen Körnung rund ist und sich auf der Haut puderweich, wie Mehl, anfühlt. Er kratzt und juckt nicht.

Achtung: Auf keinen Fall Metallglitzer (oft zu Fasching in Drogerien zu haben!) oder gar Glasglitzer verwenden, da diese Arten Augenentzündungen hervorrufen können!

Einsatz von Schwämmchen und Pinsel

Fast alle Masken werden zuerst einmal mit einem Schwämmchen grundiert. Manchmal in einer Farbe, manchmal in mehreren Flächen. Daher ist zu jedem Gesicht ein entsprechendes Schrittfoto abgebildet, auf dem man besser als bei der fertig geschminkten Maske erkennt, wie man vorgehen muss.

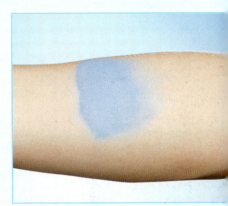

Bei mehrfarbigen Grundierungen können weiche Übergänge ebenfalls gut mit dem Schwämmchen gestaltet werden. Bei klar abgegrenzten Flächen mit der Kante des Schwämmchens arbeiten.

Linien und Rankenmuster mit Pinseln in passender Form und Größe arbeiten. Den richtigen Schwung am besten am eigenen Arm ausprobieren. Bei den Ranken den Pinsel mit voller Fläche aufsetzen und dann dünner werden.

Tipps & Tricks

▶ Beginnen Sie immer mit der hellsten Farbe und enden Sie mit der dunkelsten. So erzielen Sie die besten Effekte und die Farben decken.

▶ Glitzer immer mit feuchtem Pinsel auftragen oder mit trockenem Pinsel auf die noch feuchte Farbe setzen.

▶ Rühren Sie für stark zu deckende Flächen die Farbe stark mit wenig Wasser cremig an.

▶ Je mehr Wasser Sie verwenden, um so weniger deckt die Farbe, sie trocknet langsamer oder es gibt kleine Rinnsale im Gesicht! Lassen Sie die einzelnen Farben gut antrocknen, damit sie nicht ineinander laufen!

▶ Mischen Sie etwas Weiß unter Ihre Wahlfarbe, Pastelltöne geben Konturen mehr Leben – die Maske wirkt plastischer. Konturieren mit Weiß oder Schwarz gibt dem Bild mehr Tiefe – es wirkt dann authentischer.

Harlekin und Pierrot

→ mal kunterbunt, mal edel-schlicht

Pierrot

1 Um beim Pierrot die richtige Wirkung zu erzielen, muss ganz sorgfältig grundiert werden. Einen dicken Pinsel nehmen und die Umrandung der Maske mit weißer Farbe vormalen. Dann mit einem feinporigen Schwamm und wenig Wasser innerhalb der Maske alles weiß grundieren.

2 Mit diesem Schwämmchen und ganz wenig Rot dem kleinen Pierrot zarte rote Bäckchen tupfen. Nach dem Trocknen der weißen Farbe mit einem spitzen, mittelstarken Pinsel die Umrandung, die Augenbrauen und den Schnörkel auf der linken Wangenseite malen. Mit Metallic Orange noch ein freundliches Mündchen zaubern.

Harlekin

1 Beim Harlekin einen mittelstarken Pinsel nehmen und zuerst die blauen Felder um die Augen malen. Immer eine zarte Linie zwischen den Farben lassen, das erleichtert später die schwarze Linienführung. Nach den blauen die weißen und gelben Felder, dann die roten und grünen malen. Lassen Sie nun die Farbe gut trocknen.

2 Mit einem mittelstarken Pinsel die schwarzen Linien und die Linien um den Mund nachmalen.

MATERIAL PIERROT
◆ Schminkfarbe in Weiß, Rot, Metallic Orange (oder Rot) und Schwarz

HARLEKIN
◆ Schminkfarbe in Weiß, Rot, Grün, Gelb, Blau und Schwarz

Meeresnixe

→ frisch aus den Fluten

1 Das Gesicht in einem hellen Blau grundieren, dazu mit Weiß mischen. Weiße und blaue Flecken auftupfen, siehe Schrittbild.

2 Den Seestern gelborange aufmalen. Die Augenlider und einen Streifen über den Augen türkis malen. Die Lippen rosa färben. Die weißen Streifen des Clownfisches zeichnen, dabei im Kopf vervollständigen, um die Form zu erreichen. Auf die Nase weiße Dreiecke malen.

3 Den Seestern rot umranden. Beim Fisch orangefarbene Streifen und den Kopf ergänzen. Auf die Augenlider oben einen blauen Streifen malen. Unter den Augen einen Strich und Wimpern mit einem sehr dünnen Pinsel zeichnen. Bei den Fischen die schwarzen Streifen und das Auge ergänzen.

4 Auf die roten und orangefarbenen Stellen Glitzer in Orange tupfen. Die Lider mit blauem Glitzer verzieren.

5 Die Haare mit einem Schwämmchen rot einfärben.

MATERIAL
- Schminkfarbe in Türkis, Hellblau, Gelb, Orange, Rot, Weiß, Rosa und Schwarz
- Glitzer in Blau und Pink

Vampir und Hexe

→ gruselig-schön

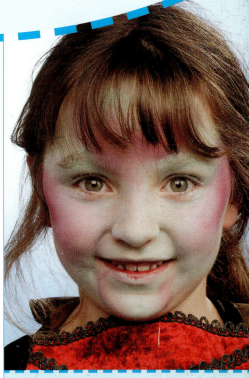

Vampir

1 Der Vampir ist eine der beliebtesten Masken. Das ganze Gesicht mit einem feinporigen Schwämmchen in Weiß grundieren. Nicht zu viel Farbe nehmen, denn die Maske soll transparent wirken.

2 Mit weißer Farbe die spitzen Zähne aufmalen. Mit zarten schwarzen Strichen Falten in das Gesicht ziehen. Hierzu das Kind Grimassen schneiden lassen. Sie werden staunen wie viel Falten Ihr Kind hat und die Maske wirkt natürlicher.

3 Mit einem mittleren Pinsel noch die Augenbrauen und den Bart malen. Mit roten Strichen unter dem Lid und kleinen, zarten roten Strichen um den Mund sieht der Vampir richtig durstig aus!

Kleine Hexe

1 Die süße, kleine Hexe mit einem Schwämmchen in zartem Pastellgrün und Rosa grundieren. Mit zarten weißen Pinselstrichen das Spinnennetz aufmalen und gleich auch silbernen Glitzer auftragen.

2 Die Augenbrauen, die Nasenflügel und die Lidstriche auf und unter dem Lid setzen bei der kleinen Hexe Akzente. Beim Lidstrich ziehen soll das Kind nach oben schauen, dann geht es wesentlich einfacher. Die Lippen schwarz bemalen.

3 Schwarze Spinnen, mit dünnem Pinsel aufgemalt, ergänzen das Outfit der kleinen Hexe perfekt.

MATERIAL
VAMPIR
- Schminkfarbe in Weiß, Rot und Schwarz

HEXE
- Schminkfarbe in Moosgrün, Rot, Rosa, Schwarz und Weiß
- Glitzer in Silber

Der Froschkönig

→ Quak!

MATERIAL
- Schminkfarbe in Hellgrün, Dunkelgrün, Weiß, Gelb, Schwarz und Rot
- Glitzer in Grün

1 Mit einem feinporigen Schwämmchen in Hellgrün zwischen Augenbrauen und Mund grundieren. Um die Augen mit dem Schwämmchen Gelb trocken eintupfen.

2 Den Mund ganz lang und schmal mit einem schönen Rot von der einen Wange zur anderen aufmalen. Für die untere Kinnpartie und die Umrandung einen dicken Pinsel mit dunklerem Grün nehmen.

3 Die Nasenspitze wieder mit einem feinporigen, durchgeschnittenen Schwämmchen auftupfen und wischen. Mit kurzen, leichten Bewegungen mit dem fast trockenen grünen Schwämmchen erzielt man den Effekt über der Mundpartie.

4 Ist die Grundierung nun angetrocknet, kleine, weiße Punkte auf die Nase und größere Froschaugen auf Höhe der Augenbrauen zeichnen. Hierzu am besten einen mittelgroßen Pinsel nehmen. Kleine weiße Striche um die Augen lassen die Froschaugen strahlen.

5 Mit einem dünnen schwarzen Pinsel nun die weißen Punkte an der Nase ummalen und kleine schwarze Striche um die Augen setzen. Entlang der oberen roten Linie der Mundpartie eine leicht geschwungene Linie in Schwarz malen. Die Pupillen der Froschaugen nun satt mit schwarzer Farbe bemalen. Um der Maske Tiefenwirkung zu geben, mit schwarzer Farbe die Grundierung links und rechts an den Wangen sowie über dem Mund nachmalen.

6 Mit wenig grünem Glitzer sieht diese Maske noch edler aus. Mit goldener Krone und einer goldenen Kugel kann der Froschkönig fröhlich loshüpfen.

Prinzessin Tausendschön

→ mit Krönchen

MATERIAL
- Schminkfarbe in Rosa, Hellblau, Gold, Grün und Weiß
- Glitzer in Gold und Grün

1 Die goldene Krone auf die Stirn und seitlich davon je eine Knospe malen. Auf die Wangen und je nach Kleidung auch im Ausschnitt goldene Kreise als Blütenmitten malen.

2 Mit Rosa die Lippen färben sowie Blütenblätter und das Knospeninnere malen. Die Augenlider hellblau färben. Die grünen Ranken nach Abbildung schwungvoll aufmalen. Weiße Blütenblätter ergänzen.

3 Die Nase weiß malen und golden umranden. Die Augenlider mit Weiß akzentuieren.

4 Auf die goldenen Flächen goldenen Glitzer, auf die Ranken etwas grünen Glitzer tupfen.

Teufelsbande

→ höllisch heiß

1 Das Gesicht zunächst mit dem Schwamm in Orange, Zinnoberrot oder Kupfer grundieren. Perlglanzfarbe wirkt hier besonders heiß! Beim Teufel (links) mit der Schwammkante noch grau-schwarze

MATERIAL
- Schminkfarbe in Orange, Zinnoberrot, Kupfer, Gelb, Schwarz, Weiß, Grau, Violett und Rot
- Glitzer in Gold und Kupfer

Konturen auftupfen. Kräftige gelbe Flammen vom Hals bis ins Gesicht züngeln lassen.

2 Wenn die Grundierung trocken ist, mit dickem cremigem Weiß Hörner und Zähne auftragen.

3 Mund, Bart, Augenbrauen und Augenkonturen in Schwarz mit mittlerem bis dünnem Pinsel sehr genau arbeiten! In Schwarz und dunklem Lila Konturen um Zähne und Hörner setzen. Die Flammen und die Augen mit Schwarz und Rot akzentuieren.

4 Glitzer in Kupfer und Gold unterstreicht die Glut in den höllischen Gesichtern.

Tipp: Wuschelmähne gefällig? Toupieren Sie, päppeln Sie mit Haarspray die Frisur hoch – oder setzen Sie eine Perücke auf. Auch das Einarbeiten von rotem Tüll gibt noch mehr Volumen. Haarsträhnen mit der Grundierfarbe einfärben.

Fernöstliches Kaiserpaar

→ mit Glücksdrachen

MATERIAL
KAISERIN
- Schminkfarbe in Weiß, Rosa, Gelb, Rot und Schwarz
- Glitzer in Gold

KAISER
- Schminkfarbe in Weiß, Rot, Gelb und Schwarz

DRACHE
- Schminkfarbe in Grün, Weiß, Orange, Gelb, Rot und Schwarz
- Glitzer in Grün oder Silber

Kaiserpaar

1 Für das Kaiserpaar die Grundierung mit einem Schwämmchen in Weiß auflegen. Wenig Wasser nehmen, damit das Oval der Grundierung schön deckend ist. Die Grundierung trocknen lassen.

2 Bei der Kaiserin nun die Kirschblüten mit Rosa aufmalen. Ein dunkles Rosa nehmen oder ein kräftigeres Rot zum Rosa mischen. Damit in der Kirschblüte die Ränder nachzeichnen, so erhalten diese eine Tiefenwirkung. Gelbe Blütenstempel hineinmalen.

3 Die feinen geschwungenen Striche der Blumenstängel und Blättchen in Schwarz verbinden nun die Blüten. Hierzu einen spitzen, dünnen Pinsel verwenden. Mit Augenbrauen, Lidstrich und einem kleinen roten Kirschmund die Maske vervollständigen. Mit ganz wenig Gold-Glitzer in den Blüten ist die Maske perfekt.

4 Beim Kaiser ein kräftiges Rot um die Augen verwenden und weiter unten ein wenig Orange dazu mischen. Hier am besten einen in der Mitte durchgeschnittenen feinporigen Schwamm nehmen, der in der Mitte durchgeschnitten ist. Mit dem benutzten roten Schwamm die gelbe Farbe auftragen und nach unten streichen. Das ergibt das passende Orange.

5 Die kaiserlichen Augenbrauen gehen bis zum Haaransatz und entlang der Nase. Der kaiserliche Bart muss steil nach oben gehen, dann wirkt die Maske edel.

Glücksdrache

1 Der kleine Glücksdrache hat die Grundform eines Fragezeichens. Für die Grundierung grüne Farbe nehmen und mit wenig weißer Farbe schattieren.

2 Zacken in den Drachen malen. Das Maul des Dra-

Fluch der Karibik

→ Piratenpaar

**MATERIAL
PIRATIN**
- Schminkfarbe in Rosa, Rot, Schwarz, Blau, Weiß und Gold
- Glitzer in Blau und Gold

PIRATENKAPITÄN
- Schminkfarbe in Schwarz und Weiß

Piratin

1 Die Piratin bekommt mit einem feinen Schwämmchen rosafarbenen Wangenrouge aufgetragen. Die mit schwarzer Farbe gemalte Augenklappe mit blauen Pinselstrichen vollenden. Blauen Glitzer in die feuchte blaue Farbe setzen.

2 Mit einem dünnen Pinsel blauen Lidschatten und einen schönen, roten Mund auftragen. Für die Narben einen ganz dünnen Pinsel nehmen und eine rote Linie ziehen. Links und rechts der Linie Punkte setzen und mit weißen Linien verbinden.

3 Mit dem Pinsel kleine, blaue Kreise um den Hals, Armgelenk und Finger malen. Die Kreise mit goldener Farbe ummalen, darauf viel goldenen Glitzer geben. So erhält die Piratin ihren Schmuck.

Piratenkapitän

1 Beim Piratenkapitän das ganze Gesicht mit dem Schwämmchen weiß grundieren. Mit dem gleichen Schwämmchen in Schwarz die Augenhöhlen und entlang des Mundes tupfen. Wenn alles gut getrocknet ist, mit einem dicken Pinsel Nasenknochen, Wangenknochen und die Zähne in Weiß aufmalen.

2 Am Hals ebenfalls mit dem Schwamm dunkel grundieren und mit dem Pinsel die Halsknochen aufmalen.

Tipp: Die Maske ist einfach zu malen und bei den Jungen sehr beliebt. So können Sie eine komplette Piratenpartygesellschaft schminken.

WEITERFÜHRUNG

Fernöstliches Kaiserpaar

chens sollte offen sein, damit er Feuer spucken kann und auch die Zähne sichtbar sind. Mit schwarzen Pinselstrichen die Zacken und eine Schwanzspitze aufmalen.

3 Grüner Glitzer lässt den Drachen magisch schimmern.

4 Die Augenlider gelb, die Lippen rot bemalen.

Burgfräulein und Ritter

→ auf ins Mittelalter

Burgfräulein

1 Mit einem schönen Weinrot auf die Stirn das Stirnband malen. In einem zarten Hellblau den Lidschatten mit einem Strich malen. Seitlich endet der Lidschatten in drei Strichen.

2 Die Wangen mit ganz wenig weinrot betupfen. Die Lippen weinrot bemalen. Mit Gold-Metallic werden das weinrote Band ummalt und kleine goldene Pünktchen gesetzt. Goldener Glitzer macht alles noch edler.

Ritter

1 Der starke Ritter geht ganz schnell. Das Gesicht wie auf dem Bild silbern grundieren. Silbernen Glitzer aufstreuen, dadurch wirkt der Helm besonders effektvoll. Den Helm mit einer schwarzen Linie mit mittelstarkem Pinsel ummalen.

2 Noch einen kantigen Bart mit weißen Strichen und keiner traut sich an das schöne Burgfräulein, das der Ritter beschützt, heran.

MATERIAL BURGFRÄULEIN
- Schminkfarbe in Weinrot, Hellblau und Gold-Metallic
- Glitzer in Gold

RITTER
- Schminkfarbe in Silber, Weiß und Schwarz
- Glitzer in Silber

Indianerin und Cowboy

→ im Wilden Westen

Cowboy

1 Den Bart der Haarfarbe des Kindes anpassen. Bei einem braunhaarigen Jungen, wie auf dem Bild, als Grundfarbe Braun nehmen. Mit einem spitzen, mittelstarken Pinsel ganz viele Striche um den Mund bis hoch zu den Ohren malen. An den Augenbrauen ebenfalls viele Striche malen. Die vielen weißen und schwarzen Striche verdichten das ganze Haar.

2 Rote Wangen und eine dicke Narbe auf der Backe – ein roter Strich in der Mitte, rote Punkte seitlich – lassen unseren Cowboy verwegen aussehen.

Indianerin

1 Mit dünnem Pinsel und roter, gelber, blauer und weißer Farbe kleine Dreiecke bunt nebeneinander malen. Mit einem feinen, spitzen Pinsel die Konturen des Stirnbandes malen.

MATERIAL COWBOY
- Schminkfarbe in Braun, Weiß, Schwarz und Rot

INDIANERIN
- Schminkfarbe in Rot, Blau, Grün, Weiß, Schwarz und Gelb

WEITERFÜHRUNG
Indianerin und Cowboy

2 Bunte Striche auf der Wange und auf der Nase ergänzen die Grundmaske. Die Lidstriche und das Lippenrot nicht vergessen.

3 Mit weißer Farbe und einem dünnen Pinsel eine winzige Feder auf den Nasenrücken malen. Diese mit Schwarz zart umranden. Noch einen kleinen Hirsch auf die Backe malen und fröhlich geht es zum Festival der Indianer.

Die blaue Katze
→ exotisch

MATERIAL
- Schminkfarbe in Blau, Türkis, Weiß und Schwarz
- Glitzer in Blau

1 Die Grundierung mit einem Schwämmchen gleichmäßig in Weiß auftragen. Dann ein durchgeschnittenes, feinporiges Schwämmchen nehmen und mit kurzer Bewegung die auf der Schwammkante befindliche, feuchte blaue Farbe nach innen in das Gesicht wischen. So erhält die Katze die erste Fellstruktur.

2 Mit Türkis auf dem Schwämmchen eine Linie entlang des Nasenrückens wischen. Mit einem mittelstarken Pinsel um das ganze Gesicht kurze Striche malen. Von innen nach außen kurze, geschwungene Striche in verschiedenen Blautönen malen.

3 Kleine türkisfarbene Akzente unterhalb des Auges und im Bartbereich der Katze lassen die Maske besser wirken. Mit schwarzer Farbe mit einem Pinsel die Augenbrauen nachziehen.

4 Unterhalb des Auges eine großzügig geschwungene Linie und vereinzelte schwarze Striche um den äußeren Rand ergänzen die Fellstruktur. Nun kommen noch die schwarze Nasenspitze und ein zarter schwarzer Bart. Die Bartstoppeln und der blaue Glitzer runden hier die Maske ab. Achtung ihr Mäuse, die Katze kommt!

Tipp: Sie können die Katze auch in Pink malen. Wenn Sie die gleiche Maske in Gelb malen, ist es ein prima Löwe.

Gespensternacht

→ gruselig!

1 Mit einem feinporigen Schwämmchen das Gesicht in Orange samt Lippen grundieren. Die Stellen für die Gespenster aussparen. Mit weißer Farbe mit einem Pinsel die Gespenster und den Mond auftragen.

2 In dunklem Lila mit einem mittelstarken Pinsel das Gesicht ummalen. Ein durchgeschnittenes, feinporiges Schwämmchen nehmen und mit kurzer Bewegung die noch feuchte lila Farbe nach innen in das Gesicht wischen. Mit lila Farbe noch grob die Gespensterburg auf die linke Wange malen.

3 Mit einem dünnen Pinsel Augen, den Schlüsselbund und ganz leicht die Säume der Gespensterchen in Schwarz einzeichnen. Den Baum schwarz über die linke Wange malen. Die Augenbrauen mit einem Strich in Schwarz einzeichnen.

4 Auf die Umrandung an der Stirn oben auf die feuchte Farbe blauen Glitzer streuen. Ein kleines Spinnennetz am Hals mit zarten, weißen Strichen und einer kleinen Spinne lässt das ganze Bild noch gespenstischer wirken. Die Gespensternacht ist da!

Tipp: Falls Sie keinen blauen Glitzer haben, können Sie auch silbernen verwenden.

MATERIAL
- Schminkfarbe in Orange, Weiß, Lila und Schwarz
- Glitzer in Blau

Lustige Kartenfiguren

→ aus Alice im Wunderland

1 In das Gesicht mit einem mittelstarken Pinsel ein großes, weißes Rechteck malen. Während Sie unterhalb des Auges die weiße Farbe auftragen, das Kind nach oben sehen lassen. Falls die weiße Fläche streifig ist, ein feinporiges Schwämmchen nehmen und die weiße Grundierung noch einmal nachwischen.

2 Die roten Wangen durch rote Punkte freistehend oder genau an die Karte malen.

3 Für die Umrandung der Karte einen dünnen Pinsel nehmen und die Karte mit roter und schwarzer Farbe ummalen.

4 Einen mittelstarken Pinsel mit schöner Spitze nehmen und die Augenbrauen malen. Richtig lustig wirkt es, wenn die Augenbrauen nach oben und unten gehen. Die Wimpern mit Schwung vom Auge weg malen.

5 Nun die Motive, Herz 7 oder Kreuz, aufmalen. Ein roter Mund und Glitzer auf Herzen und Umrandung runden die ganze Maske ab. Das Spiel kann beginnen!

MATERIAL
♦ Schminkfarbe in Weiß, Rot und Schwarz

Lustige Hände

→ mit viel Fantasie bemalt

MATERIAL
- Schminkfarbe in beliebigen Farben
- Glitzer in beliebigen Farben

1 Hände bemalen ist eine witzige Sache. Hier haben wir einfach einmal Beispiele gemalt. Elefant, Giraffe, Flamingo und Haifisch geben sich hier ein Stelldichein. Aber auch Schmuck zu malen macht riesig Freude. Die geschmückten Hände gehören zum Burgfräulein und zur Piratin.

2 Auch Gesichter und Frisuren wirken toll. Hier kann man seiner Fantasie freien Lauf lassen. Witzig ist diese Bemalung auch an Geburtstagen oder einfach an Regentagen.

Tipp: Geben Sie ruhig auch Ihrem Kind die Möglichkeit, Ihre Hände mit witzigen Sachen zu bemalen.

Zeigt her eure Füße

→ ein sommerlicher Spaß

1 Ob schöner Beinschmuck oder Schuhe, Sandstrand oder Ponyweide, Füße sind immer witzig zu bemalen. Schließlich ist man an den Füßen kitzelig und schon allein aus diesem Grund wird es super lustig, diese zu bemalen.

2 Hier noch ein paar weitere Ideen zum Bemalen der Füße: Meer mit Leuchtturm, Blumen, Socken, Ballettschühchen, Stiefel mit und ohne Streifen. Hat man mal angefangen, fällt einem viel ein. Viel Spaß beim Ausprobieren!

MATERIAL
- Schminkfarbe in beliebigen Farben
- Glitzer in beliebigen Farben

Viele lustige Tiere

→ Häschen, Fuchs und Regenbogenschnecke

MATERIAL HÄSCHEN
- Schminkfarbe in Rosa, Weiß, Lila und Schwarz
- Glitzer in Regenbogenfarben

FUCHS
- Schminkfarbe in Weiß, Orange und Schwarz
- Glitzer in Gold

REGENBOGENSCHNECKE
- Hautkleber
- Schminkfarbe in Rot, Orange, Gelb, Rosa, Schwarz und Blau
- Glitzer in Regenbogenfarben
- 2 Wackelaugen, ø 1 cm

Rosa Häschen

1. Das niedliche Häschen mit einem Schwämmchen in Rosa grundieren. Die Stelle für die Ohren – vor den echten Ohren – aussparen.

2. Die Ohren mit einem dicken Pinsel mit weißer Farbe aufmalen. Die Augenbrauen, die Zähne und die kleine Schleife auf der Stirn ebenfalls weiß aufmalen. Als Barthaare des Häschens von innen nach außen dicke, weiße Striche malen. Mit einem dünnen Pinsel die Schleife an der Stirn, die Ohren und die Augenbrauen nachmalen.

3. Eine lila Nase und ein lila Mündchen mit Bartstoppeln in der gleichen Farbe runden die Maske ab. Die Barthaare schwarz malen. Mit dünnem Pinsel noch die Zähne betonen.

4. Ein bisschen Glitzer nach Abbildung verteilen und fertig ist ein süßer, kleiner Hase.

Fuchs

1. Mit einem feinen Schwämmchen um die Augen links und rechts neben der Nase sowie um das Kinn weiß grundieren. Mit Orange den Rest des Gesichtes grundieren.

2. Mit einem dünnen Pinsel und schwarzer Farbe einen Strich von der Nasenspitze nach oben ziehen. Nun leicht den Strich mit der Kante eines abgeschnittenen Schwämmchens von der Nase weg wischen.

3. Einen kleinen, schwarzen Lidstrich, die schwarze Nase und den kleinen Fuchsmund aufmalen.

4. Mit einigen Akzenten aus goldenem Glitzer wirkt die Maske richtig edel.

Regenbogenschnecke

1. Den Umriss des Schneckenkörpers mit rosa Farbe satt aufmalen. Mit einem Pinsel in Rot, Gelb und Orange große Kreise um den Schneckenkörper herum malen. Die Übergänge von Rot zu Gelb und von Gelb zu Orange erst mit einem blauen Pinsel malen und dann mit feiner Schwammkante von innen nach außen wischen.

WEITERFÜHRUNG
Viele lustige Tiere

2 Um den Schneckenkörper oben eine schwarze, unten eine blaue Kontur einzeichnen. Einen roten Mund aufmalen.

3 Die Wackelaugen mit ganz wenig Hautkleber aufkleben. Glitzer im Gesicht verteilen.

4 Bunte Schminkfarbe in den Haaren lässt die Regenbogenschnecke mit ihrem Schneckenhäuschen fabelhaft erscheinen.

Ich danke meinen Modellen: Lena und Anton Klösel, Moritz Modenese, Lukas Schneider, Daniel Schelling, Johanna Roth, Vivian Grossmann, Sarah und Laura Burgmaier, Miriam und Marina Hertfelder, Laura Renschler, Amelie-Sue Lee, Lena und Susi Gahn. Ein ganz besonderes Dankeschön möchte ich dem Frechverlag, Cosima Joerger, dem Fotostudio Ullrich & Co. und dem Theater Dimbeldu (www.dimbeldu.de) aussprechen für die gute und schöne Zusammenarbeit.

PS: Schminkkurse mit der Autorin finden Sie unter www.dimbeldu.de.

IMPRESSUM

FOTOS: frechverlag GmbH, 70499 Stuttgart; Fotostudio Ullrich & Co., Renningen
DRUCK: frechdruck GmbH, 70499 Stuttgart

Materialangaben und Arbeitshinweise in diesem Buch wurden von der Autorin und den Mitarbeitern des Verlags sorgfältig geprüft. Eine Garantie wird jedoch nicht übernommen. Autorin und Verlag können für eventuell auftretende Fehler oder Schäden nicht haftbar gemacht werden. Das Werk und die darin gezeigten Modelle sind urheberrechtlich geschützt. Die Vervielfältigung und Verbreitung ist, außer für private, nicht kommerzielle Zwecke, untersagt und wird zivil- und strafrechtlich verfolgt. Dies gilt insbesondere für eine Verbreitung des Werkes durch Fotokopien, Film, Funk und Fernsehen, elektronische Medien und Internet sowie für eine gewerbliche Nutzung der gezeigten Modelle. Bei Verwendung im Unterricht und in Kursen ist auf dieses Buch hinzuweisen.

Auflage: 5.   4.
Jahr: 2010 2009   [Letzte Zahlen maßgebend]

© 2005 frechverlag GmbH, 70499 Stuttgart

ISBN 978-3-7724-3459-4
Best.-Nr. 3459